BEI GRIN MACHT SICH IHR WISSEN BEZAHLT

- Wir veröffentlichen Ihre Hausarbeit,
  Bachelor- und Masterarbeit

- Ihr eigenes eBook und Buch -
  weltweit in allen wichtigen Shops

- Verdienen Sie an jedem Verkauf

Jetzt bei www.GRIN.com hochladen
und kostenlos publizieren

Bibliografische Information der Deutschen Nationalbibliothek:

Die Deutsche Bibliothek verzeichnet diese Publikation in der Deutschen National-
bibliografie; detaillierte bibliografische Daten sind im Internet über http://dnb.d-
nb.de/ abrufbar.

Impressum:

Copyright © 2015 GRIN Verlag, Open Publishing GmbH
Druck und Bindung: Books on Demand GmbH, Norderstedt Germany
ISBN: 9783668311589

Dieses Buch bei GRIN:

http://www.grin.com/de/e-book/341423/optimierung-der-disposition-von-poolfahr-
zeugen-durch-den-einsatz-von-mikrocomputern

Tom Filbrandt, Rico Schumann

Optimierung der Disposition von Poolfahrzeugen durch den Einsatz von Mikrocomputern

CAN-Bus, OBD2, RFID, Arduino, Webserver sinnvoll miteinander verbinden

GRIN Verlag

Projektarbeit

Fachhochschule Südwestfalen, Standort Meschede Fachbereich Ingenieur-
und Wirtschaftswissenschaften

Optimierung der Disposition von Poolfahrzeugen durch den Einsatz von Mikrocomputern

Von:

Schumann, Rico   und   Filbrandt, Tom

Meschede, 17.12.2015

Inhaltsverzeichnis

Abbildungsverzeichnis

Tabellenverzeichnis

1 Einleitung

Dieses Kapitel beschreibt die aktuelle Situation, die daraus entstehende Aufgabe und mögliche Lösungsansätze. Um ein einfaches Verstehen des Textes zu ermöglichen werden Fachbegriffe mittels Fußnote kurz beschrieben. Eine ausführliche Beschreibung kann dem Glossar[1] entnommen werden.

1.1 Problembeschreibung / Situation

Ein Mittelständiges Unternehmen ist an insgesamt 28 Standorten in Deutschland vertreten. An jedem Standort befinden sich in Abhängigkeit der Größe eine gewisse Anzahl von Pool-Fahrzeugen (im Mittel 30), welche zentral verwaltet werden. Die Schlüssel befinden sich in einem per PIN[2] / Code gesichertem Schlüsselschrank. Bei Außendiensteinsätzen wurde bisher ein willkürlich gewähltes Fahrzeug verwendet, bei dem bis auf das gesetzlich vorgeschriebene Fahrtenbuch keine weiteren Informationen geführt wurden. Dadurch ergaben sich folgende Probleme:

- Fehlende, zentrale Übersicht der aktuell verfügbaren Fahrzeuge
- Fehlende Informationen über Restreichweite, Kilometerstand
- Überzogene Service- / Inspektionsintervalle
- Fehlende Informationen über Defekte und Probleme an Fahrzeugen

Damit war es der zentralen Verwaltung nicht möglich eine adäquate Bereitstellung von Firmenfahrzeugen zu gewährleisten.

1.2 Beschreibung der Aufgabe / Zielsetzung

Es soll eine zentrale Verwaltungsmöglichkeit der vorhandenen Firmenwagen geschaffen werden. Darin enthalten ist eine automatisierte Übersicht aller wichtigen Informationen, wie Reichweite, Kilometerstand, Durchschnittsverbrauch und mögliche Defekte / Fehler der Fahrzeuge, welche zentral gesammelt werden. Eine leichte Adaptierung weiterer Daten ist Grundvoraussetzung.

---

[1] Kapitel A.2
[2] Persönliche Identifikationsnummer

Ziel ist es, der Abteilung Disposition[3] eine erleichterte und präzisiere Arbeit zu ermöglichen. Außerdem können aus den gesammelten Daten weitere Statistiken für zukünftige Projekte erzeugt werden.

Zur Aufgabe gehört neben der Findung einer technologisch fortschrittlichen Lösung auch die Erstellung einer Kostenrechnung.

Eine technische Lösung ist, verglichen mit der bisherigen handschrittlichen, in vielen Bereichen die bessere Wahl. Die rechtzeitige Durchführung von Service- und / Inspektionsintervalle ist möglich, da eine rechtzeitige Erinnerung erscheinen wird. Dies und das Einlesen von möglichen Fehlercodes ermöglicht die rechtzeitige Reparatur bei Defekten. Zusätzlich verringert sich die Wartezeit auf ein freies Auto, da immer eine aktuelle Übersicht über die Auslastung und Zuordnung von Mitarbeiter und Auto vorhanden ist.

Durch all diese Maßnahmen ergibt sich eine erhöhte Zuverlässigkeit, welches neben einer erleichterten Arbeit innerhalb der Disposition auch große finanzielle Vorteile mit sich bringt.

1.3 Lösungsstrategie

Für die Lösung des Problems müssen die notwendigen Daten aus dem Auto ausgelesen und im Anschluss der Abteilung Disposition zur Verfügung gestellt werden. Drei mögliche Verfahren sind nachfolgend jeweils kurz beschrieben und die Vor- und Nachteile dargestellt:

1.3.1 Fahrtenbuch

Ein Diagnosegerät (Fahrtenbuchschreiber), ähnlich wie bei LKW[4]-Systemen zeichnet die gefahrene Strecke auf und speichert die Ergebnisse auf einer Papier- oder Chipkarte. Das Auslesen der Informationen ist dann am Standort möglich.

Vorteile: Das System ist auf dem Markt etabliert und eine einfache und schnelle Verfügbarkeit ist garantiert.

Nachteile: Die verfügbaren Daten sind sehr eingeschränkt und eine einfache Erweiterung ist nicht gewährleistet. Das System als Ganzes ist sehr geschlossen und wenig transparent. Dazu ist es im Vergleich eher teuer, da die Geräte meist den gesetzlichen Grundlagen zur Manipulationssicherheit unterliegen.

---

[3] Zuteilung, Überwachung, Koordination
[4] Lastkraftwagen

1.3.2 RFID (Radio-Frequency identification)

Die notwendigen Daten werden über den CAN-BUS[5] des Fahrzeugs mittels des Protokolls OBD2[6] ausgelesen. Dieser Anschluss ist an allen in der EU zugelassenen Fahrzeugen ab dem Jahr 2002 Pflicht, somit ist jeder Firmenwagen damit ausgestattet. Das Speichern der Informationen erfolgt auf einem RFID-Tag[7], welcher zum Beispiel am Schlüssel befestigt ist. Dieser Speicher wird am Standort ausgelesen, um die notwendigen Daten zu erhalten.

Vorteile: Das Protokoll OBD2 liefert alle notwendigen Daten und ist leicht zu implementieren, da es standardisiert ist.

Nachteile: Es gibt keine kommerzielle Lösung, d. h. das gesamte System muss neu entwickelt werden.

1.3.3 Funkübertragung

Die Ermittlung der Daten erfolgt wie im Kapitel 1.3.2 RFID (Radio-Frequency identification). Die Informationen werden dann allerdings per Funk (z. B. Bluetooth) auf das Smartphone übertragen und von dort aus direkt an die zuständige Abteilung gesendet.

Vorteile: Kommerzielle Lösungen stehen günstig zur Verfügung. Die Implementierung erfolgt per Plug-and-Play.

Nachteile: Die Systeme sind geschlossen und nicht vollständig nachvollziehbar. Fehler können sich auf das Fahrverhalten der Fahrzeuge auswirken. Desweiteren muss der Akku des Smartphone immer geladen sein.

1.4 Nutzwertanalyse

Nachfolgend ist unsere Nutzwertanalyse tabellarisch dargestellt. Die einzelnen Kriterien sind von – (sehr gering) bis ++ (sehr hoch) bewertet.

---

[5] Controller Area Network Binary Unit System, ist ein seriellen Datenübertragungsstrang
[6] On-Board-Diagnose ist ein Fahrzeugdiagnosesystem
[7] auch Transponder, Datenspeicher bei RFID-Systemen

Kriterium	Funkübertragung	Fahrtenbuch	RFID
Kosten für Umrüstung	+	--	++
Kosten der Hardware	+	--	++
Verfügbarkeit	+	+	+
Implementierung	+	-	+
Fehleranfälligkeit	-	++	-
Erweiterbarkeit	+	-	+
Ergebnis	geeignet	ungeeignet	besser geeignet

Tabelle 1: Nutzwertanalyse

Die „RFID-Lösung" bietet nach Auswertung der Nutzwertanalyse die meisten Vorteile in Hinblick auf die o. g. Kriterien.

1.5 Funktionelle Umsetzung

Das prinzipielle Verfahren wird abhängig vom Einsatzort wie folgt umgesetzt.

1.5.1 Im Fahrzeug

Ein im Auto fest installierter Mikrocontroller besitzt eine CAN-BUS Schnittstelle (OBD2) und ein RFID-Schreibgerät. Nach dem Auslesen der notwendigen Daten per OBD2, werden diese vom Mikrocontroller aufbereitet und im Anschluss auf einem RFID-Tag gespeichert.

1.5.2 Am Standort

Ein am Standort fest installierter Mikrocontroller besitzt eine Ethernet[8]-Schnittstelle und ein RFID-Lesegerät. Das Auslesen der genormten Daten erfolgt nach dem Erkennen eines neuen RFID-Tags. Nun werden die aufbereiteten Informationen per Webschnittstelle bereitgestellt.

1.5.3 Blockschaltbild

Im unten stehenden Bild sind die Aufgaben des Programms (Vierecke) und die Aufgaben der Anwender (Rauten) beschrieben, um einen reibungslosen Ablauf zu gewährleisten.

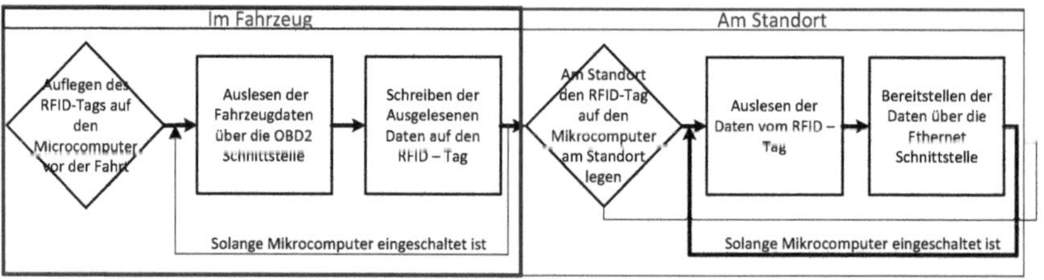

Abbildung 1: Blockschaltbild funktionelle Umsetzung

---

[8] Spezifikation für kabelgebundene Datennetze im Bereich LAN

1.6 Qualitätsanforderungen

Die Aufgabenstellung liefert verschiedene Kriterien anhand derer der Erfolg des Projekts gemessen wird. In der folgenden Tabelle sind die Qualitätsanforderungen mit der entsprechenden Bewertung dargestellt.

Produktqualität	entscheidend	wichtig	kann	nicht relevant
Funktionalität	X			
Zuverlässigkeit		X		
Effizienz		X		
Modifizierbarkeit			X	
Datensicherheit			X	
Bedienbarkeit			X	

Tabelle 2: Qualitätsanforderungen

1.7 Aufgabenübersicht

Dieser Abschnitt gibt eine klare Übersicht der zu bewältigenden Aufgaben. Das Ziel ist die Prüfung auf eine theoretische Umsetzung. Außerdem ergibt sich eine logisch sinnvolle Reihenfolge und Aufteilung der Arbeitsaufträge.

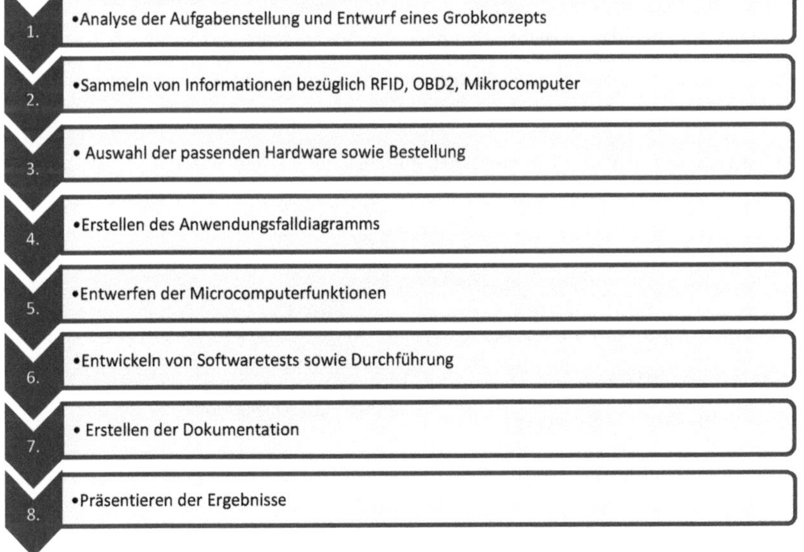

Abbildung 2: Aufgabenübersicht

2 Grundlagen

Dieses Kapitel gibt einen Überblick über die grundsätzlich verwendeten Techniken und Protokolle, die in diesem Projekt genutzt werden.

2.1 RFID (Radio-Frequency identification)

RFID ermöglicht das kontaktlose Speichern und Auslesen von Daten. Damit ist die Identifizierung einzelner Objekte möglich. Diese können zusätzlich weitere Informationen beinhalten. Eingesetzt wird dieses Verfahren bei Zutrittskontrollen / elektronischen Schlössern, zum bargeldlosen bezahlen, in der Logistik zum Nachverfolgen von Waren und bereitstellen weiterer Information wie den Preis und auf vielen weiteren Gebieten.

Ziel ist es, Daten dauerhaft zu speichern, kontaktlos zu übertragen und den Datenspeicher unabhängig von einer Energiequelle wie Batterien oder Netzteilen zu verwenden. [1]

2.1.1 Technische Grundlagen

Ein System besteht grundsätzlich aus einem Transponder (oder auch Tag, der eigentliche Datenspeicher) und einem Lesegerät, welches typenabhängig auch schreiben kann. Der Transponder enthält neben dem Speicher eine Antenne. Das Lesegerät erzeugt ein hochfrequentes magnetisches Feld, welchem der Transponder ausgesetzt wird. Dies erzeugt genug Energie um den Datenspeicher auszulesen und die Daten per Antenne an das Lesegerät zu liefern. Das folgende Bild zeigt den Schematischen Aufbau eines solchen Systems. [2] [3]

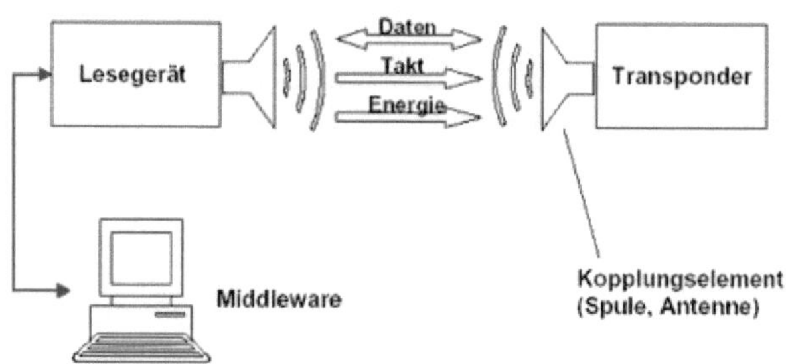

Abbildung 3: RFID Schematischer Ablauf [4]

2.1.2 Speicherlayout

Die Datenspeicher besitzen einen im Datenblatt festgelegten Aufbau des Speichers. Das Folgende Bild stellt den Aufbau des von uns verwendeten RFID Tag „MiFare Classic 1K" übersichtlich dar.

Sector	Block	Byte Number within a Block																Description
		0	1	2	3	4	5	6	7	8	9	10	11	12	13	14	15	
15	3	Key A						Access Bits				Key B						Sector Trailer 15
	2																	Data
	1																	Data
	0																	Data
14	3	Key A						Access Bits				Key B						Sector Trailer 14
	2																	Data
	1																	Data
	0																	Data
⋮	⋮																	
1	3	Key A						Access Bits				Key B						Sector Trailer 1
	2																	Data
	1																	Data
	0																	Data
0	3	Key A						Access Bits				Key B						Sector Trailer 0
	2																	Data
	1																	Data
	0																	Manufacturer Block

Abbildung 4: Speicherlayout MiFareClassic 1K [5]

Dieser Speicher besteht aus 16 Sektoren x 4 Blöcken x 16 Byte=1024 Byte. Dabei sind jedoch einige Besonderheiten zu beachten:

- 16 Byte sind vom Hersteller reserviert (Sektor 0, Block 0)
- Der jeweils dritte Datenblock im Sektor beinhaltet den Key A und Key B zum Zugriff, sowie die Berechtigungsbits (Sector Trailer)
- Key A ist zum Lesen / Schreiben, Kopieren
- Key B ist der Master Key mit Vollzugriff und Zugriff auf Access-Bits
- Access-Bits konfigurieren Lese- und Schreibberechtigungen

2.1.3 Sicherheitskonzept

Zur Erfüllung bestimmter Sicherheitsanforderungen sind die beiden Keys (A und B) zuständig. Diese befinden sich einem RFID-Tag und enthalten einen 16 Byte Zahlencode im HEX-Format. Durch Übertragung der richtigen Kennung beim Zugriff, ist ein Lesen oder Schreiben von Daten möglich. Dies geschieht während der Autorisierung (siehe Kapitel 3.8.2.1 auf Seite 23).

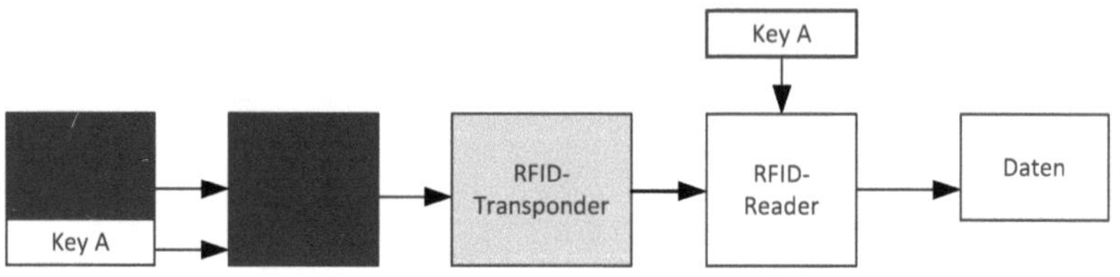

Abbildung 5: Sicherheitskonzept

2.2 OBD2 (OnBoard Diagnose 2)

OBD2 ist ein im Fahrzeug integriertes Diagnose System. Es wurde entwickelt und eingeführt, um den Zugang zu allen abgasrelevanten Daten, die von den jeweiligen Steuergeräten erfasst werden, zu ermöglichen. Zusätzlich werden alle Fehlermeldungen im Fehlerspeicher aufgezeichnet. Eine genormte Schnittstelle stellt diese Informationen bereit. Seit dem Jahr 2002 ist dieses System für alle neu zugelassen Fahrzeuge mit Ottomotoren Pflicht, seit 2004 auch für Diesel betriebene Kraftfahrzeuge. [6] [7]

2.2.1 Aufbau der Schnittstelle

Das folgende Bild zeigt mit der zugehörigen Tabelle den genormten Anschluss sowie die einzelne PIN Belegung zur Kommunikation zwischen Fahrzeug und Diagnose-Gerät.

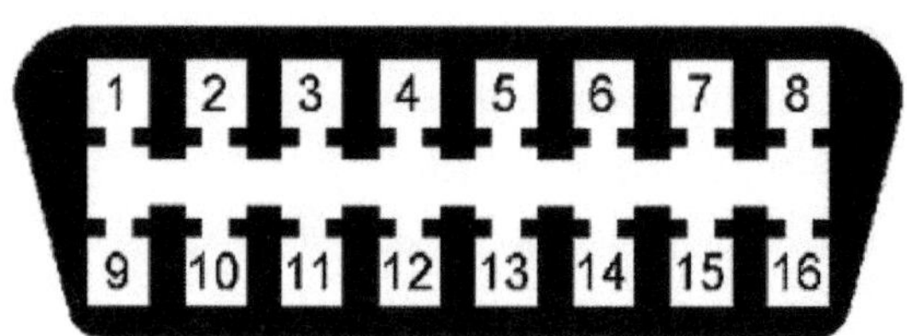

Abbildung 6: OBD2-Schnittstelle [7]

PIN	Beschreibung	PIN	Beschreibung
1	Hersteller spezifisch	9	Hersteller spezifisch
2	J1850 Bus +	10	j1850 BUS
3	Hersteller spezifisch	11	Hersteller spezifisch
4	Karosserie Masse	12	Hersteller spezifisch
5	Signal Masse	13	Hersteller spezifisch
6	CAN (J-2234) High	14	CAN (J-2234) LOW
7	ISO 9141-2-K-Line	15	ISO 9141-2 LOW
8	Hersteller spezifisch	16	Batterie Versorgung

Tabelle 3: Schnittstelle OBD2 [7]

Für dieses Projekt sind zum einen die Stromversorgung für den Mikrocomputer (PIN 4 und 16) relevant, sowie PIN 6 und 14 zum Auslesen der Informationen per CAN-BUS.

2.2.2 CAN-BUS (Controller Area Network Binary unit System)

Dieses Bussystem ermöglicht die Kommunikation zwischen allen Steuergeräten im Fahrzeug. Um sicherheitsrelevante Systeme nicht durch Störungen oder weniger wichtige Informationen zu beeinträchtigen, werden verschiedene Busse für unterschiedliche Systemgruppen verwendet. Die Übertragung der Daten erfolgt seriell in standardisierten Datenpaketen mit einem festen Data-Length-Code (DLC) von 8. Anfragen haben (im Rahmen des Projekts) normalerweise eine Länge von 2, Antworten von 6 Bytes.

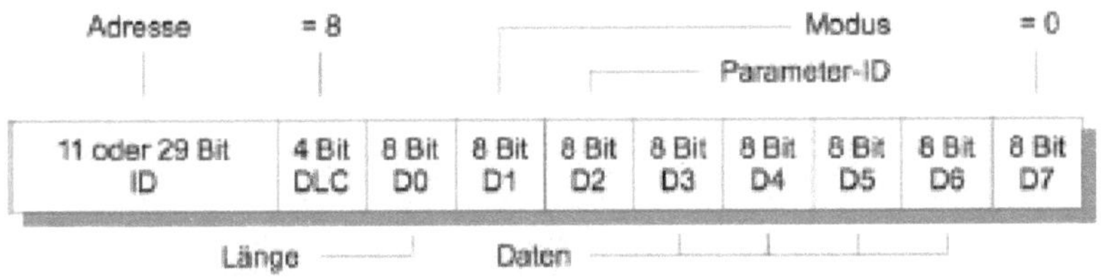

Abbildung 7: CAN-BUS Paket [8]

Die Adresse (Identifier) bezeichnet das Steuergerät, mit dem kommuniziert wird, im ersten Datenbyte wird die Länge der eigentlichen OBD2-Nachricht angezeigt. Im Standard SAE J1979 werden 10 unterschiedliche Modi unterschieden, in welchen verschiedene Daten abfragbar sind. Zusätzlich fügen Hersteller proprietäre Modi hinzu, welche nicht allgemeingültig sind.

Im Modus 0x01 wird jeder Parameter über die 1 Byte lange Parameter-ID identifiziert. Die Antwort ist in den folgenden 4 Byte enthalten und befindet sich in einem definierten Wertebereich. [8]

2.2.3 Informationsaustausch

Per OBD2-Adapter wird eine Anfrage an die Broadcast 0x7df mit gesetztem Modus und Parameter-ID. Die Antwort vom Steuergerät kommt mit entsprechender Adresse und Antwortwert. Der Modus entspricht dem Anfragemodus plus 0x40. [8]

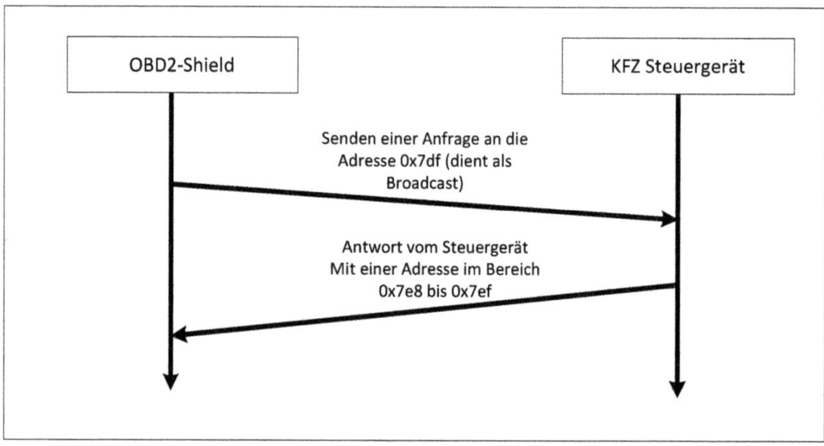

Abbildung 8: OBD2 Informationsaustausch

3 Durchführung

Nachfolgend wird die Realisierung des Projekts beschrieben.

3.1 Auswahl der Hardware

Anhand der gesammelten Informationen und der Datenanalyse, konnte die Hardware ausgewählt werden.

3.1.1 Mikrocomputer

Als Grundlage zum Auslesen der OBD2 Daten, dem Schreib- und Lesevorgängen der RFID-Tags und zur Weitergabe der aufbereiteten Informationen dient ein Mikrocomputer. Dieser sollte folgende Eigenschaften besitzen:

- CAN-Bus / OBD2 Schnittstelle
- Ethernet- / WLAN[9] Schnittstelle
- Möglichkeit zum Lesen und Beschreiben von RFID-Tags
- Stromversorgung, welche auch im Auto realisiert zur Verfügung steht
- möglichst offenes System

Der Mikrocomputer „Arduino Uno" erfüllt diese Anforderungen komplett bzw. kann um die fehlenden Erweitert werden. Dieser basiert auf einer quelloffenen Plattform mit einer großen Community. Durch die hohe Verbreitung gibt es viele Erweiterungen (Shields) anderer Hersteller, welche durch Stecken auf die Hauptplatine mit allen nötigen Verbindungen zur Kommunikation versorgt sind. Die folgende Grafik zeigt das Board mit den zugehörigen Anschlussmöglichkeiten.

---

[9] Wireless Local Area Network

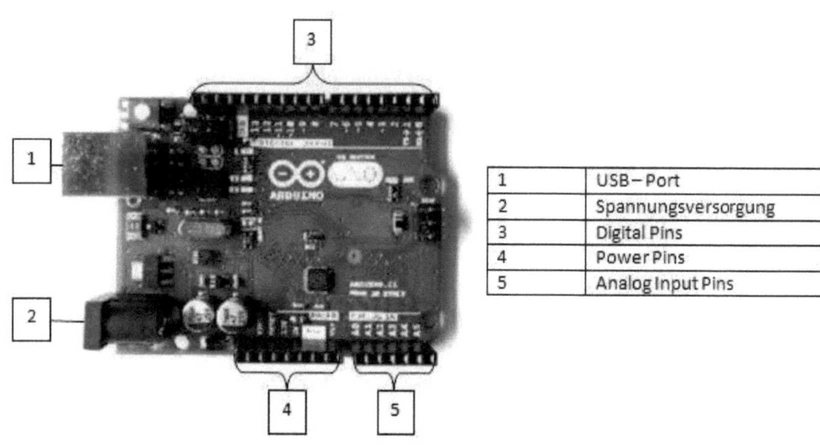

1	USB – Port
2	Spannungsversorgung
3	Digital Pins
4	Power Pins
5	Analog Input Pins

Abbildung 9: Arduino Uno

In der Folgenden Tabelle sind die technischen Spezifikationen aufgeführt.

Beschreibung	**Spezifikation**
Microcontroller	ATmega328
Operating Voltage	5V
Input Voltage (recommended)	7-12V
Input Voltage (limits)	6-20V
Digital I/O Pins	14 (of which 6 provide PWM output)
Analog Input Pins	6
DC Current per I/O Pin	40 mA
DC Current for 3.3V Pin	50 mA
Flash Memory	32 KB of which 0.5 KB used by bootloader
SRAM	2 KB
EEPROM	1 KB
Clock Speed	16 MHz

Tabelle 4: Technische Daten Arduino [9]

3.1.2 Shields

Zur Erfüllung aller Anforderungen sind folgende Shields erforderlich. Dabei wurden möglichst kostengünstige Lösungen verwendet.

OBD2 Adapter: Freematics OBD-II Adapter for Arduino-Model A (UART)

Zum erhalten der nötigen Informationen von der OBD2-Schnittstelle ist dieser Adapter in Verwendung.

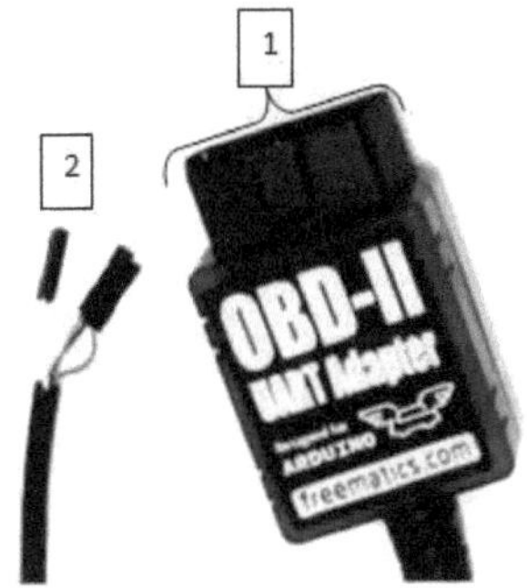

1	OBD2 Anschluss
2	Digital Pins

Abbildung 10: OBD2-Adapter

RFID Shield: Neuftech MiFare RC522 (13,56 MHz)

Um die erhaltenen Daten auf einen RFID Datenspeicher zu übertragen eignet sich folgendes Shield.

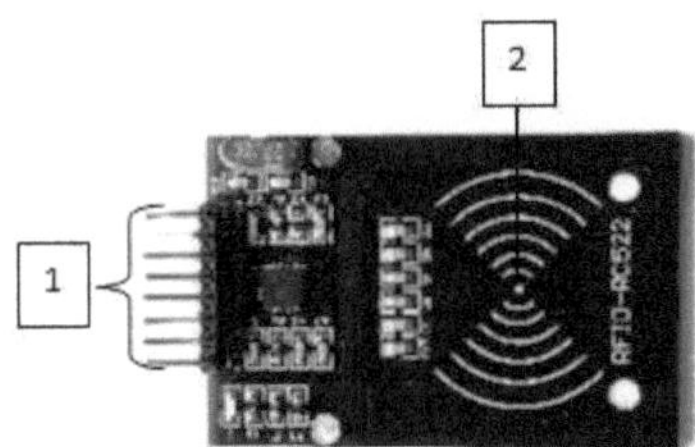

1	Digital Pins
2	RFID Sensor

Abbildung 11: Neuftech MiFare RC522

Ethernet Shield: Wiznet W5100 (100 Mbit/s)

Die Daten werden zur weiteren Verwendung auf einem HTML Web Server bereitgestellt. Dieser ist im Netzwerk per Ethernet-Schnittstelle zu erreichen.

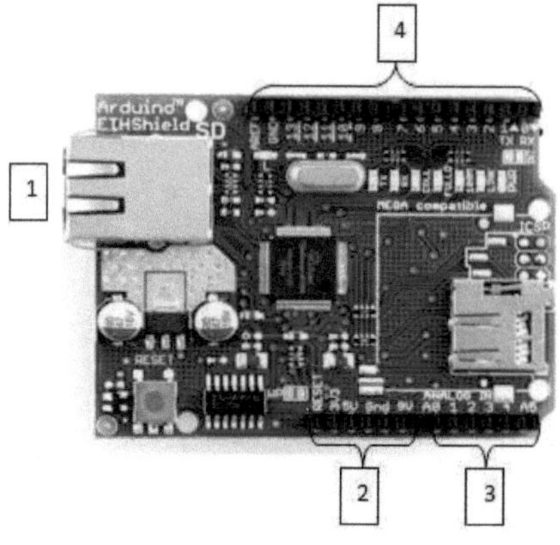

1	Ethernet – Port
2	Power Pins
3	Analog Input Pins
4	Digital Pins

Abbildung 12: Wiznet W5100

LED und Widerstand

Den aktuellen Status im Fahrzeug zeigt eine LED[10] (grün und rot) mit entsprechendem Vorwiderstand von 270 Ohm an.

Abbildung 13: LED

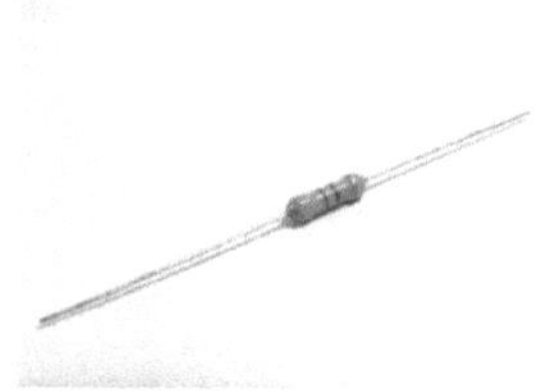

Abbildung 14: Widerstand

3.2 Materialkosten

Für den späteren Einsatz innerhalb der Firma ist es wichtig, einen genauen Kostenrahmen für die gesamte Fahrzeugflotte zu erhalten. In diesem Abschnitt sind alle Materialkosten aufgeführt. Dabei handelt es sich um ungefähre Preise, da es aufgrund von Mengenrabatten

---

[10] light-emitting diode, dt. Leuchtdiode

und Schwankungen in der Verfügbarkeit jederzeit zu Unterschieden bei der Beschaffung kommen kann. Die Mehrwertsteuer und weitere Bezugskosten sind bereits enthalten.

3.2.1 Kosten / Fahrzeug

Lfd. Nr.	Beschreibung	Anzahl	Stückpreis	Gesamtkosten
1	Arduino Uno	1	25,00 €	25,00 €
2	Shield: OBD2 Diagnoseadapter	1	30,00 €	30,00 €
3	Shield: RFID Lese- / Schreibgerät	1	10,00 €	10,00 €
4	RFID Chipkarte	1	0,30 €	0,30 €
5	Gehäuse für Mikrocomputer	1	10,00 €	10,00 €
6	LED	2	0,10 €	0,20 €
7	Widerstand	2	0,05 €	0,10 €
8	div. Kabel	1	1,00 €	1,00 €
	Gesamtpreis			**76,60 €**

Tabelle 5: Kosten / Fahrzeug

3.2.2 Kosten / Standort

Lfd. Nr.	Beschreibung	Anzahl	Stückpreis	Gesamtkosten in €
1	Arduino Uno	1	25,00 €	25,00 €
2	Shield: Ethernet	1	10,00 €	10,00 €
3	Shield: RFID Lese- / Schreibgerät	1	10,00 €	10,00 €
5	div. Kabel	1	1,00 €	1,00 €
	Gesamtpreis			**46,00 €**

Tabelle 6: Kosten / Standort

Damit ergeben sich für 28 Standorte Kosten in Höhe von 1288 €, für die insgesamt 840 Fahrzeuge belaufen sich die Kosten auf 64.344,00 €. Insgesamt sind Anschaffungskosten von ca. 65.632,00 € zu tragen.

3.3 Programmkonzept

Die fundamentalen Anforderungen an das Projekt werden im Folgenden, angelehnt an das Lastenheft, aufgeführt:

3.3.1 Zielbestimmung

Das zu entwickelnde Microcomputer-Programm soll eine Verbesserung der Firmenwagenverwaltung, speziell der Übersicht und Kontrolle der Fahrzeuge, bewirken. Durch die Integration dieser Lösung wird eine leicht zu bedienende und zuverlässige Automatisierung geschaffen, welche für jedes Fahrzeug Kilometerstand, Durchschnittsverbrauch, Tankfüllstand und Restreichweite der Firma zur Verfügung stellt.

3.3.2 Produkteinsatz

Das Produkt dient Mittelständigen Unternehmen mit einer entsprechenden Anzahl an eigenen Poolfahrzeugen. Demzufolge ist davon auszugehen, dass eine Nutzung des Programms ausschließlich von geschultem Personal erfolgt. Da es sich jedoch um ein täglich eingesetztes Produkt handelt, ist eine zuverlässige Bedienung zwingend.

Die Techniker benötigen keine Schulung für die Software, sondern nur eine Einweisung für die Nutzung.

3.3.3 Produktfunktionen

Nachfolgend sind die Programmfunktionen allgemein beschrieben.

1. Auslesen der KFZ-Daten mittels OBD2

Im Fahrzeug stellt der OBD2-Adapter alle angeforderten Daten bereit. Diese bereitet der Mikrocomputer zur Speicherung auf. Dazu berechnet der Arduino entsprechende Folgerungen oder wandelt die Werte in ein verwendbares Format um.

2. Daten auf RFID-Tag schreiben

Das System speichert anschließend die aufbereiten Informationen auf den entsprechenden Abschnitten im Speicher des RFID-Tags (siehe Kapitel 3.4 Speicherbelegung auf Seite 19).

3. Daten von RFID-Tag lesen

Das Lesen der Daten erfolgt an den definierten Speicherstellen, woraufhin die Umwandlung in ein lesbares Format stattfindet.

4. Bereitstellen der Daten mittels Webserver

Eine HTML-Website liefert die Datensammlung aus.

3.3.4 Produktdaten

Die hauptsächlich erhobenen Daten sind in diesem Abschnitt aufgeführt und ausführlich beschrieben.

1. Aktueller Kilometerstand

Der aktuelle Kilometerstand lässt sich im Standard-Abfrage-Modus bei OBD2 nicht auslesen. Zunächst berechnet sich die Durchschnittsgeschwindigkeit aus der Summe aller gemessenen Geschwindigkeiten geteilt durch die Anzahl der Messungen (ca. 4 Messungen pro Sekunde). Im Anschluss ist das Ergebnis mit der gefahrenen Zeit zu multiplizieren, welche ein Timer[11] ermittelt. Dies geschieht ausschließlich bei Bewegung des Fahrzeugs.

$$Kilometerstand[km] = \frac{\sum aktuelle\ Geschwindigkeit\left[\frac{km}{h}\right]}{Anzahl\ Messungen} * gefahrene\ Zeit[h]$$

2. Tankfüllstand

Das PID[12] 0x2F im Abfragemodus 0x01 liefert den aktuellen Tankfüllstand in %. Daraus ergibt sich mit Hilfe des maximalen Tankinhalts die aktuell vorhandene Menge Kraftstoff in Litern. Der max. Tankinhalt ist bei allen Firmenwagen der gleiche und entspricht 45l. Das Ergebnis unterliegt Schwankungen im Tank durch Steigungen, Gefälle, scharfen Kurven (Fliehkräfte) oder scharfen Bremsungen.

$$Tank = \frac{Tankfüllstand[\%]}{100} * max.\,Tankinhalt[L]$$

3. Aktueller Verbrauch

Der aktuelle Verbrauch ist kein Standardabfragewert bei OBD2. Deshalb ist dieser über vorhandene Werte zu errechnen. Bei benzinbetriebenen Fahrzeugen erfolgt die Berechnung folgendermaßen [10]:

$$MPG = \frac{(14{,}7 * 6{,}17 * 4{,}54 * V * 0{,}621371)}{3600 * MAF} = 710{,}7 * \frac{VSS}{MAF}$$

---

[11] Bei Arduino nicht verfügbar, deshalb Eigenentwicklung
[12] Parameter ID

Wert	Beschreibung
MPG	Meilen pro Gallone / US-amerikanische Angabe des Verbrauchs
14,7	Ideales Verhältnis von Luft / Benzin, wird von der Motorsteuerung angestrebt, ist vorhanden, wenn der Status von Lambda = 1 ist
6,17	Dichte von Benzin in Pfund / Gallone
4,54	Umwandlung von Pfund in Gramm
V	Geschwindigkeit des Fahrzeugs in km / h
0.621371	Meilen / h in km / h umrechnen
3600	Sekunden pro Stunde
MAF	Mass air flow rate, gibt g / s der gemessenen Luftmasse an. Anpassung des Benzin / Luft-Gemisch bis eine optimale Verbrennung erreicht ist (Lambda = 1).
100	Umwandlung des MAF in Gramm

Tabelle 7: Berechnung Verbrauch (MPG)

Dieser Wert lässt sich durch Anpassung der Dichte von Benzin (740 g / L) und entfernen der Variablen zur Umrechnung in L / 100km angeben:

$$Verbrauch\left[\frac{L}{100km}\right] = 100 * \frac{3600[s] * MAF\left[\frac{g}{s}\right]}{14,7 * 740\left[\frac{g}{L}\right] * V}$$

4. Durchschnittsverbrauch (LPK[13])

Der durchschnittliche Verbrauch ist die Summe aller Verbräuche und dem Standverbrauch (1l / Stunde) geteilt durch die Anzahl der Messungen (ca. 4 Messungen pro Sekunde).

$$LPK\left[\frac{L}{100km}\right] = \frac{\sum akt.Verbrauch\left[\frac{L}{100km}\right]}{Anzahl\ Messungen} + \left(\frac{Standzeit\ [ms]}{1000\ [s]} * 0,000277778\ [L]\right)$$

5. Restreichweite mit der aktuellen Tankfüllung

Die Restreichweite errechnet sich aus dem Durchschnittsverbrauch und dem aktuellen Tankfüllstand.

$$Restreichweite[km] = 100 * \frac{Tank[L]}{LPK\left[\frac{L}{100km}\right]}$$

---

[13] Liter pro 100 km

6. Gefahrene Distanz mit aktivierter Fehlerkontrolllampe

Da ohne Weiteres keine Abfrage des Fehlerspeichers möglich ist, wird die gefahrene Distanz (in km) mit aktiver Fehlerkontrolllampe ausgelesen. Falls dieser Wert größer als 0 ist, handelt es sich um einen Defekt.

3.4 Speicherbelegung

Die erhobenen Daten haben einen festen Ort im Speicher des RFID-Tags. Diese Tabelle stellt die Belegung im Chip, sowie den verwendeten Datentyp dar.

Wert	**Sektor**	**Block**	**Datentyp**
Kilometerstand (km)	1	4	Unsigned Integer
Tankfüllstand (tank)	2	8	Short Integer
Durchschnittsverbrauch (verbrauch)	3	12	Float
Restreichweite (rrw)	4	16	Integer
Kilometer mit Fehler (fehler)	5	20	Unsigned Integer

Tabelle 8: Speicherbelegung der Daten

Die maximal speicherbare Zahl ist dabei 15 Byte groß, das entspricht einem Wert von $2^{120}=1,3*10^{36}$. Dieses ist jedoch eher durch die verwendeten Datentypen begrenzt. Das letzte Byte ist dabei immer die Potenz zur Umrechnung von HEX[14] in DEC[15].

3.5 Anwendungsfalldiagramm

Aus dem detaillierten Programmkonzept folgt das Anwendungsfalldiagramm für das Fahrzeug und den Standort, welches Aufschluss über die Strukturen und das Verhalten des Systems gibt. Dabei spielen der Anwender und der Mikrocomputer einen Akteur. RFID, OBD2 und Ethernet spiegeln die verschiedenen Systeme wieder.

---

[14] Hexadezimal, Basis 16
[15] Dezimal, Basis 10

Im Fahrzeug

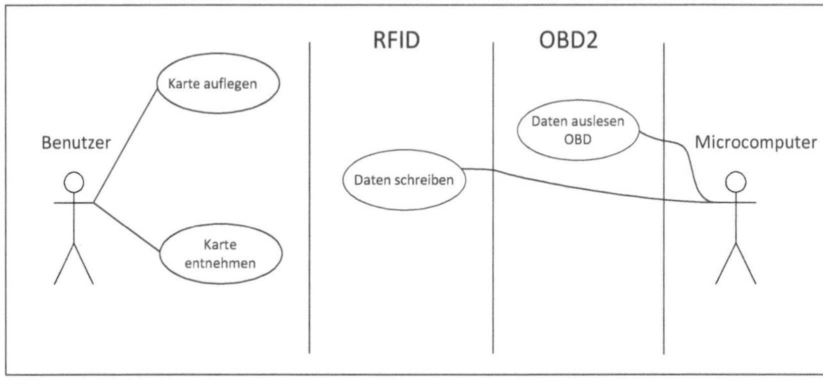

Abbildung 15: Anwendungsfalldiagramm Fahrzeug

Am Standort

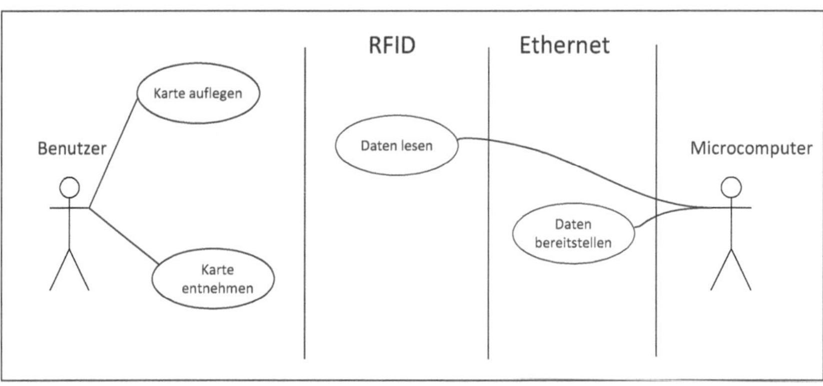

Abbildung 16: Anwendungsfalldiagramm Standort

3.6 Entwicklungsumgebung

Arduino stellt eine eigene, quelloffene Entwicklungsumgebung, die Arduino IDE[16], bereit. Darin ist neben einem Code-Editor, der Compiler „gcc[17]" enthalten. Die Verwaltung von Code erfolgt in sog. Sketches[18]. Anschließend ist eine Übertragung zum Arduino-Board möglich. Dabei ist der richtige Typ sowie Anschluss einzustellen.

---

[16] integrated development environment, dt. Integrierte Entwicklungsumgebung
[17] Gnu Compiler Collection
[18] Programm bei Arduino (Code)

Für eine funktionierende Anwendung sind zwei Routinen notwendig:

- Setup(): Dieser Teil beinhaltet alle Starteinstellung und dient der Initiierung von Parametern und Starteinstellungen. Die Funktion wird einmalig beim Start des Arduinos oder beim Reset ausgeführt.
- Loop(): Der Mikrocomputer durchläuft diese Methode immer wieder, solange das Board eingeschaltet ist.

Nachfolgend ist die IDE inkl. der o. g. Funktionen dargestellt. Der untere Teil gibt Informationen des Compiler-Status', wie z. B. Syntax- und Übertragungsfehler, an.

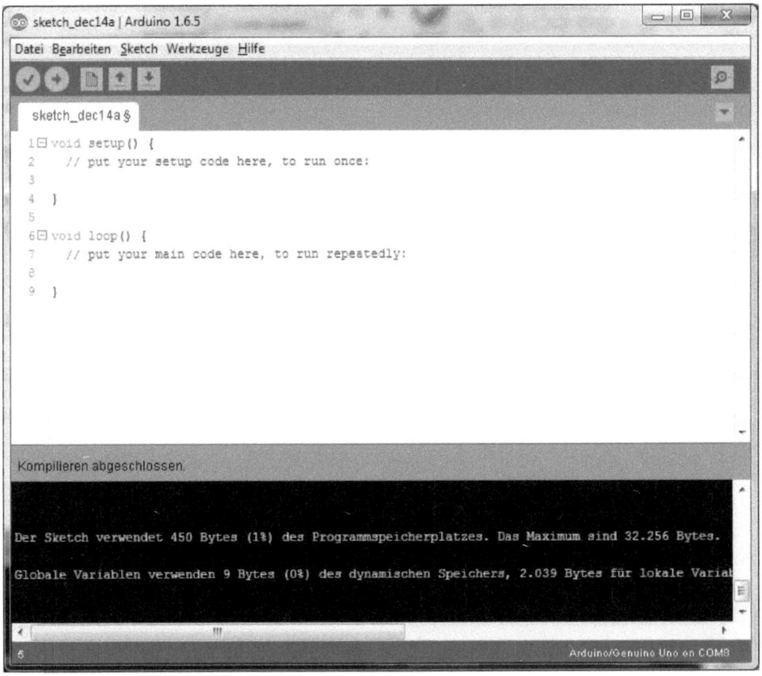

Abbildung 17: Arduino IDE

3.7 Zusammenbau der Hardware

Vor der Softwareentwicklung erfolgt der Zusammenbau der Hardware. Das Ethernet-Shield kann einfach auf das Arduino-Board gesteckt werden. Per Kabel sind das RFID-gerät sowie der OBD2-Adapter mit den richtigen Pins zu verbinden.

Pin Arduino	Pin RFID-Gerät	Pin OBD-Adapter	LED
6	-	-	Rot
7	-	-	grün
8	RST	-	-
9	SDA	-	-
11	MOSI	-	-
12	MISO	-	-
13	SCK	-	-
GND	GND	-	-
3,3V	3,3V	-	-
Serial TX	-	RX	-
Serial RX	-	TX	-

Tabelle 9: Pin Belegung Arduino und Shields

3.8 Quellcodeentwicklung

In diesem Kapitel sind die vier zu entwickelnden Funktionen[19], die grundsätzlich benötigt werden, beschrieben. Die Überschriften bezeichnen selbst entwickelte Funktionen und fassen die unterstrichenen Funktionen, welche aus den Bibliotheken stammen, logisch zusammen.

Das Ergebnis der Entwicklung sind zwei verschiedene Quelltexte, einerseits für den Mikrocomputer im Fahrzeug, anderseits für den Mikrocomputer am Standort. Teilweise überschneiden sich die benötigten Funktionen und Einstellungen, weshalb nachfolgend alle Funktionen dargestellt sind.

3.8.1 Main

Die Main-Funktion ist beim Arduino in der Funktion loop() realisiert. In dieser findet der allgemeine Programmablauf statt. Hier erfolgt je nach Mikrocomputer (Fahrzeug oder Standort) der Aufruf der entsprechenden Funktionen zur Erfüllung der Anforderung.

3.8.2 RFID

Für das Lesen und Beschreiben der RFID-Tags wird das RFID-Gerät vom Typ MFRC522 verwendet, ebenso wie die zugehörige Libary "MFRC522" [11]. Dort stehen verschiedene Funk-

---

[19] Kapitel 3.3.3 Produktfunktionen auf Seite 13

tionen zum verarbeiten der Transponder zur Verfügung. Die hier verwendeten werden im Folgenden kurz beschrieben und in übersichtlicher Reihenfolge dargestellt:

3.8.2.1 startRFID(byte trailerBlock)

Im ersten Schritt überprüft die Funktion startRFID(), ob eine neue Karte im Status IDLE auf dem Lesegerät aufliegt, zusätzlich erfolgt die Auswahl eines RFID-Tags und die Überprüfung der Kommunikationsfähigkeit durch Auslesen der UID[20]. Die UID ist im Anschluss in der Variable UID gespeichert.

PICC_IsNewCardPresent(void): liefert STATUS_OK oder STATUS_COLLISION

PICC_ReadCardSerial(void): gibt true zurück, wenn eine UID gelesen werden konnte

Nun wird überprüft, ob es sich bei dem RFID Tag um einen vom Typ MiFare XXX handelt, indem folgende Funktion aufgerufen und ausgewertet wird. Die *sak* (Select Acknowledge) gibt einem bestimmten Typ an.

PICC_GetType(byte sak): liefert den PICC[21] Typ zurück

Zum Herstellen einer sicheren Verbindung wird der zu lesende / beschreibende Block, ein Key vom Typ MIFARE_Key und die UID benötigt. Außerdem ist zwischen Key A oder B zur Authentifizierung zu wählen (*command*):

PCD_Authenticate(byte command, byte blockAddr, MIFARE_Key *key, Uid *uid);

3.8.2.2 getDataFromRFID(byte sector, byte blockAddr)

Die Daten eines unterstützen RFID-Tags können mithilfe dieser Funktion aus dem entsprechendem Speicherbereich in den *buffer* geschrieben werden.

MIFARE_Read(byte blockAddr, byte *buffer, byte *bufferSize)

3.8.2.3 writeDataToRFID(long val, byte sector, byte blockAddr)

Die Funktion benötigt die *blockAddr*, die zu schreibenden Daten (16 Byte) *buffer* und die tatsächlüch zu schreibenden Bytes *buffersize*, um Daten zu auf RFID-Tags zu schreiben

MIFARE_Write(byte blockAddr, byte *buffer, byte bufferSize)

---

[20] Unique Identification Number
[21] Proximity Integrated Circuit Card – RFID Trägerkarte / Chip

3.8.2.4 stopRFID()

Zum Schluss wird die Verbindung zu der aktuellen PICC getrennt. Somit ist eine neue Verbindung zu der gleichen oder einer anderen RFID-Karte möglich:

PCD_StopCrypto1();

3.8.3 OnBoardDiagnose2

Zum Erhalt der Daten im Fahrzeug kommt ein Adapter der Firma freematics zum Einsatz. Dieser beinhaltet eine Libary „OBD2" [12], in welcher neben weitreichenden Funktionen auch Standardabfragen vordefiniert sind.

3.8.3.1 begin();

Die gegebene Funktion begin() stellt die Verbindung zum Fahrzeug her. Zum Erhalt von Daten ist die Einstellung der richtigen Übertragungsgeschwindigkeit, sowie die Länge der CAN-IDs notwendig.

3.8.3.2 getOBDValue()

Je nach angeforderter Information ruft diese Funktion die richtigen Daten vom CAN-BUS ab. Dazu dient die folgende Methode.

Read(byte pid, int& result)

Hierbei bezeichnet *pid* die abzufragende ID (HEX), in *result* wird der zurückgegebene Wert gespeichert.

3.8.4 Ethernet

Die ausgelesenen Daten werden zur schnellen Verwendung oder zum Bereitstellen mittels einer nicht projektspezifischen Anwendung von einem HTTP Server ausgeliefert. Die Werte stehen im HTML Format unter einer internen IP-Adresse zur Verfügung. Die Darstellung übernimmt die Arduino Libary "Ethernet" [13]. Darin stehen verschiedene Funktionen zum Bereitstellen von Serverfunktionalitäten bereit.

3.8.4.1 startServer()

Zuerst wird nach verfügbaren Clients gesucht und dieser (falls verfügbar) in einer Variable gespeichert:

available(): gibt ein ClientObjekt zurück

Solange die <u>connected()</u>-Funktion ein wahr zurück liefert, können mit <u>print()</u> Daten an diesen gesendet werden. Falls nun HTML Tags geschrieben werden, ist eine Darstellung im Browser möglich.

Zum Schluss wird die Verbindung zum Client mit <u>stop()</u> getrennt.

Das folgende Bild zeigt die einfache Ausgabe in einem beliebigen Web-Browser. Der Zugriff auf die bereitgestellten Daten erfolgt von einem externen Tool, welches die Seite ständig überwacht und ausliest.

Kennung: 2779
Kilometerstand: 1 km
Durchschnittsverbrauch: 4.41 L/100km
Tankfüllstand: 44.10 L
Restreichweite: 999 km
Fehler: 0

Abbildung 18: Ausgabe Web-Server

3.9 Funktionstest

Der wichtigste Teil der Projektdurchführung ist das Testen der gesamten Anwendung. Anhand dessen wird die Erfüllung der für den vorgesehenen Einsatz definierten Anforderungen geprüft. Somit wird die erreichte Qualität festgestellt. Die gewonnenen Erkenntnisse werden zur Erkennung und Behebung von Softwarefehlern genutzt. Tests während der Softwareentwicklung dienen dazu, die Software möglichst fehlerfrei in Betrieb zu nehmen.

Im Folgenden sind die einzelnen Tests kurz beschrieben. Anhand der Tabelle kann das Ergebnis mit Kommentaren nachvollzogen werden.

3.9.1 Komponententest

Der Komponententest (auch Modultest oder engl. Unit test) überprüft einzelne Module der Software. Gegenstand des Tests ist die Funktion innerhalb abgegrenzter Abschnitte (z. B. einzelne Funktionen oder Schleifen). Ziel ist der Nachweis der technischen Lauffähigkeit und Überprüfung auf plausible Ergebnisse oder Teilergebnisse.

3.9.1.1 RFID

Funktion	Testaufbau / -verfahren	Getesteter Wert	Ergebnis
getDataFromRFID()	Daten aus dem entsprechenden Speicher des RFID-Tags holen	Werte im Wertebereich von 0...3*10^6	Funktioniert
	Gewonnene HEX-Daten in LONG umwandeln (**hexToByte()**)	Werte im Wertebereich von 0...3*10^6	Funktioniert
writeDataToRFID()	Wert von String in das Byte-Format umwandeln (**hexToByte()**)	"00"..."FF"	0x00 - 0xFF
	Daten in den entsprechenden Speicherabschnitt schreiben	Werte mit getDataFromRFID() lesen	Funktioniert
hexToByte()	HEX-Wert (CHAR) in BYTE umwandeln	"0"..."F"	0x0...0xF
hexToInt()	Einzelnen HEX-Wert (CHAR) in INT umwandeln	0x0...0xF	0...15
startRFID	Überprüfung auf neuen RFID-Tag	Getestet mit verschiedenen RFID-Tags	Funktioniert
	Authentifizierung und Herstellen der Verbindung zum RFID-Tag	UID abfragen	Funktioniert
	Überprüfung des RFID-Tags auf Kompatibilität	UID abfragen	Funktioniert
stopRFID()	Beenden der aktuellen Verbindung	Ausgeführt und erneutes Lesen und Schreiben getestet	Verbindung wurde unterbrochen

Tabelle 10: Komponententest RFID

3.9.1.2 Ethernet

Funktion	Aufbau / Überprüfung	Getesteter Wert	Ergebnis
startServer()	Verbindung zu einem Client initialisieren	Anzeige der Website in Google Chrome	Funktioniert
	Daten im HTML-Format ausliefern		
	Verbindung zu einem Client beenden		

Tabelle 11: Komponententest Ethernet

3.9.1.3 OBD2

Der Zugriff auf spezifische Fahrzeuginformationen ist sehr begrenzt und Herstellerabhängig. Deshalb wurden die ausgelesenen Daten bei mehreren Testfahrten ausführlich verifiziert. So ist sichergestellt, dass die Daten dem richtigen Wertebereich entsprechen.

Funktion	**Aufbau / Überprüfung**	**Getesteter Wert**	**Ergebnis**
begin()	Verbindung zur OBD2-Schnittstelle aufbauen	Durch die Möglichkeit Werte auszulesen getestet	Daten konnten erfolgreich gelesen werden
getOBDValue()	Daten auslesen	Geschwindigkeit, MAF, Tankfüllstand	Funktioniert

Tabelle 12: Komponententest OBD2

3.9.2 Integrationstest

Der Integrationstest überprüft die Zusammenarbeit von abhängigen Komponenten. Hier gilt es also, die Schnittstellen von einzelnen Elementen zu kontrollieren. Ziel ist es, korrekte Ergebnisse über komplette Arbeitsabläufe zu erhalten.

Komponente	**Aufbau / Überprüfung**	**Getesteter Wert**	**Ergebnis**
OBD2 lesen inkl. RFID schreiben	Information von der OBD2-Schnittstelle auslesen, im Anschluss auf RFID-Tag schreiben	Nach Testfahrt auslesen der Daten und abgleich der Daten mit Boardcomputer	Übereinstimmung
RFID Lesen inkl. Darstellung auf dem Web-Server	Auslesen der Daten von einem RFID-Tag, anschließend Darstellung im HTML-Format auf dem Web-Server	Fiktive Daten wurden auf RFID-Tag geschrieben	Daten wurden im Browser korrekt angezeigt

Tabelle 13: Integrationstest

3.9.3 Systemtest

Der Systemtest prüft das gesamte System gegen alle getroffenen Anforderungen (funktional und nicht-funktional). Dieser Test findet in diesem Projekt in einer Testumgebung statt, welche die Produktivumgebung weitestgehend abdeckt. Das Umfeld deckt in diesem Projekt das KFZ-Modell „Opel Astra J" ab. Aufgrund der Bewertungen der Qualitätsanforderungen (Kapitel 1.6 auf Seite 4) durch die Testpersonen, ergibt sich ein entsprechendes Testergebnis. Daraus folgen weitere Arbeitsaufgaben zur Verbesserung des Nutzererlebnisses.

Im Vorfeld wird eine Simulation am Computer durchgeführt, um mögliche Fehler gleich zu erkennen. Folgend ist das durchgeführte Testszenario beschrieben. Dieses bildet eine typische, kurze Fahrt mit einem PKW[22] ab. Dabei sind am Anfang alle Werte null.

3.9.3.1 Testszenario

In der Simulation beträgt die Durchschnittliche Geschwindigkeit 30 km / h, die durchschnittliche MAF ist 4. Dieser Zustand bleibt über 400 Messungen erhalten, danach fallen beide Werte auf 0, der Tankfüllstand von 100% auf 98%.

3.9.3.2 Auswertung

Die simulierten Ergebnisse sind nachfolgend den berechneten gegenübergestellt.

Wert	**Berechnung**	**Simulation**	**Kommentar**
Kilometerstand	1	1	Korrekt
Verbrauch	4,41	441	Korrekt, da Kommazahlen mit 100 multipliziert werden
Tankfüllstand	98	98	Korrekt
Restreichweite	999,41	999	Korrekt, da Ergebnis gerundet wird (Genauigkeit ist ausreichend)

Tabelle 14: Systemtest Auswertung

4 Abschluss

Der Projektabschluss gibt einen Überblick über den Ablauf, die Ergebnisse und die Zukunft.

4.1 Zusammenfassung

Ziel dieser Arbeit war es, eine Lösung zur zentralen Verwaltung von Firmenfahrzeugen zu schaffen. Dabei sollte unbedingt eine Automatisierung erfolgen, welche die Disposition erleichtert. Das System sollte Informationen zu Kilometerstand, Durchschnittsverbrauch, Restreichweite, aktuellen Tankfüllstand und mögliche Fehler der jeweiligen Fahrzeuge zur Verfügung stellen.

Zunächst ergaben sich aus einer Analyse der derzeitigen Situation alle notwendigen Anforderungen. Im Anschluss erfolgte die Suche nach bereits vorhandenen Systemen und die Untersuchung auf Tauglichkeit von diesen. Jedoch konnten nicht alle Anforderungen in einem

---

[22] Personenkraftwagen

Produkt abgebildet werden, weshalb die Entscheidung fiel, ein eigenes System zu entwickeln.

Nach Sammlung weiterer Informationen über die notwendigen Techniken, ergaben sich verschiedene technische Lösungen, wovon die Speicherung auf RFID Chipkarten als die beste erschien. Damit ist vor allem eine sichere und einfache Handhabung für den Nutzer gewährleistet.

4.2 Ergebnisse der Arbeit

Als Ergebnis dieser Projektarbeit liegt der fertige Aufbau zur Ermittlung, Verarbeitung und Darstellung von verschiedenen Fahrparametern als Verwaltungsunterstützung von Firmenfahrzeugen vor. Konkret beinhaltet das Projekt einen Mikrocomputer im Fahrzeug, welcher alle notwendigen Informationen per OBD2-Schnittstelle liest und auf einem RFID-Tag speichert, sowie einen Mikrocomputer zur Aufbereitung der Daten mittels eines Webservers an den jeweiligen Standorten. Dazu gehört neben dem Aufbau der Hardware auch die vollständige Entwicklung der Software (= je einen Quellcode pro Mikrocomputer).

Das gesamte Projekt liegt als Prototyp und nur als Einzelanfertigung vor.

4.3 Lessons learned (Fazit)

Das erlernte Wissen vom Studium konnte in dieser Projektarbeit sehr gut in die Praxis umgesetzt werden. Der rechtzeitigen Abgabe des Arbeitsergebnisses kam zugute, dass das Projekt größtenteils wie geplant verlief. Dafür brauchte es eine gute und umfassende Planung.

Probleme bereitete vor allem das Finden und Zusammenfassen aller benötigten Informationen, sowie die rechtzeitige Lieferung der Hardware. Dies wird in Zukunft durch bessere Auswahl der Lieferanten vermieden.

Zusammenfassend endet das Projekt als voller Erfolg. Über die eigenständige Planung, Durchführung und allgemeine Gestaltung von Projekten konnte viel gelernt werden.

4.4 Ausblick

In Zukunft kann das System an mehreren Firmenstandorten zur Steigerung Produktivität genutzt werden. Als Entwicklung ist eine weitere Analyse der erhobenen Daten möglich. Entsprechend könnten RFID-Tags z. B. Mitarbeiterbezogene Daten speichern, welche zur Auswertung der Energieverbräuche von einzelnen Personen dienen. Damit könnten bei Einhaltung entsprechender Vorgaben (z. B. Verbrauch unter 5l / 100km) Prämien gezahlt werden.

Fehler bei der Benutzung werden an den Anwender momentan nur durch zwei LEDs (grün oder rot) im Fahrzeug angezeigt. Eine Erweiterung des Systems könnte durch ein LCD-Display erfolgen. Dort wäre eine Anzeige von Bedienfehlern oder der aktuelle erfassten Werte denkbar.

Für eine konkrete Anwendung ist außerdem ein kompaktes Gehäuse zwingend notwendig. In diesem müssten alle Komponenten untergebracht sein, zudem sollte das System zur sicheren Bedingung nur einen Anschluss beinhalten. D. h. neben dem jeweiligen RFID-Steckplatz, im Fahrzeug die Verbindung zum Auto (OBD2) und am Standort der Netzwerkport.

Um den Quellcode weiter zu entwickeln, ist es möglich die geschriebenen Funktionen als Klassen (Libaries) auszulagern. Dadurch würden doppelte Funktionsdeklaration bei verschiedenen Programmen verhindert werden. Eine Verbesserung von Fehlern in Funktionen könnte durch einfache Anpassung in der Klasse erfolgen.

A. Anlage

A.1. Literaturverzeichnis

[1] Der Bundesbeauftragte für den Datenschutz und die Informationsfreiheit, „RFID," Bonn, 2012.

[2] „RFID - Radio Frequency Identification," [Online]. Available: http://www.elektronik-kompendium.de/sites/kom/0902021.htm. [Zugriff am 16 12 2015].

[3] K. Finkenzeller, RFID-Handbuch: Grundlagen und praktische Anwendungen von Transpondern, kontaktlosen Chipkarten und NFC, Carl Hanser Verlag GmbH & Co. KG, 2015.

[4] „Aufbau und Funktionsweise von RFID-Systemen," [Online]. Available: http://www.rfid-basis.de/funktionsweise.html. [Zugriff am 16 12 2015].

[5] skyetek, „USING MIFARE CLASSIC TAGS," 2012. [Online]. Available: http://www.skyetek.com/docs/m2/mifareclassic.pdf. [Zugriff am 16 12 2015].

[6] F. Schäffer, Fahrzeugdiagnose mit OBD: OBD I, OBD II sowie KW 1281, Elektor, 2015.

[7] „OBD-2 Allgemeines, technische Informationen," [Online]. Available: http://www.obd-2.de/obd-2-allgemeine-infos.html. [Zugriff am 16 12 2015].

[8] J. Pleumann, „Fahrzeugdiagnose mit Arduino," *c't,* 2 2013.

[9] Arduino, „Arduino Uno," [Online]. Available: https://www.arduino.cc/en/Main/ArduinoBoardUno. [Zugriff am 16 12 2015].

[10] B. D. Lightner, „AVR-Based Fuel Consumption Gauge," *Circuit Cellar,* 2005.

[11] „Arduino RFID Library for MFRC522," [Online]. Available: https://github.com/miguelbalboa/rfid. [Zugriff am 16 12 2015].

[12] „ArduinoOBD," [Online]. Available:

https://github.com/stanleyhuangyc/ArduinoOBD/tree/master/libraries/OBD. [Zugriff am 16 12 2015].

[13] „Arduino - Ethernet," [Online]. Available:

https://www.arduino.cc/en/Reference/Ethernet. [Zugriff am 16 12 2015].

[14] NXP Semiconductors N.V., „MFRC522 Datasheet," 2014. [Online]. Available:

http://www.nxp.com/documents/data_sheet/MFRC522.pdf.

[15] „MiFare Cards & Tags," [Online]. Available: https://learn.adafruit.com/adafruit-pn532-rfid-nfc/mifare. [Zugriff am 16 12 2015].

A.2. Glossar

Abkürzung	Beschreibung
Buffer	Temporärer Datenspeicher
CAN-BUS	Controller Area Network Binary Unit System, ist ein seriellen Datenübertragungsstrang
IDE	integrated development environment, dt. Integrierte Entwicklungsumgebung, Sammlung von Anwendungsprogramm zur Softwareentwicklung
Disposition	Zuteilung, Überwachung, Koordination
DLC	Data-Length-Code enthält die Längeninformation der nachfolgenden Daten in einer CAN-Nachricht
Ethernet	Spezifikation für kabelgebundene Datennetze im Bereich LAN
gcc	Gnu Compiler Collection, Sammlung con Compilern
HTML	Hypertext Markup Language textbasierte Auszeichnungssprache
HTTP Server	Ist ein Dienst der Dokumente etc. z.B. an Clients übertragt
IP-Adresse	Logische Adresse in Computernetzwerken
LAN	Lokal Area Network beschreibt ein Lokales Rechnernetz
OBD2	On-Board-Diagnose ist ein Fahrzeugdiagnosesystem
PICC	Proximity Integrated Circuit Card – RFID Trägerkarte/Chip
PIN	Persönliche Identifikationsnummer oder Geheimzahl
RFID	radio-frequency identification, Technologie für kontaktlose Sender-Empfänger-Systeme
Shield	Aufsteckbare Erweiterungen mit verschiedenen Funktionalitäten
UID	user identifier eindeutig Zuordenbare Benutzerkennung

Tabelle 15: Glossar

BEI GRIN MACHT SICH IHR WISSEN BEZAHLT

- Wir veröffentlichen Ihre Hausarbeit,
  Bachelor- und Masterarbeit

- Ihr eigenes eBook und Buch -
  weltweit in allen wichtigen Shops

- Verdienen Sie an jedem Verkauf

Jetzt bei www.GRIN.com hochladen
und kostenlos publizieren